DU DROIT

DE VISITE

ET

DES CONVENTIONS

DE 1831 ET 1833.

PARIS,

TYPOGRAPHIE DE FIRMIN DIDOT FRÈRES,

IMPRIMEURS DE L'INSTITUT,

RUE JACOB, N° 56,

1843.

DU DROIT

DE VISITE

ET

DES CONVENTIONS

DE 1831 ET 1833.

Des ombrages se sont élevés en France, l'année dernière, contre l'extension donnée par le traité de 1841 au droit réciproque de visite maritime, établi par les conventions de 1831 et de 1833, entre la France et l'Angleterre. Les susceptibilités de l'opinion ont été satisfaites. Le traité de 1841 n'existe plus, quant à la France du moins. Mais on va plus loin aujourd'hui; on ne s'en tient plus au traité de 1841; on demande la révocation des conventions de 1831 et de 1833. La question est plus grave que le public ne paraît le penser. Il a besoin de se tenir en garde contre la voie où l'on veut l'entraîner. L'honneur et la bonne politique le lui conseillent également.

Les conventions de 1831 et de 1833 sont la loi du pays depuis dix ans; elles ont été publiées dès leur origine et accueillies avec éloge par la plupart de ceux qui les attaquent aujourd'hui; elles ont été exécutées jusqu'à l'année dernière sans réclamation. Ce serait faire preuve d'une versatilité nationale sans exemple que de revenir, à moins d'une nécessité pressante, incontestable, sur des engagements revêtus du consentement mutuel de deux grands peuples, et ratifiés par dix ans de pratique constante et régulière.

Cette nécessité pressante et évidente, qui pourrait seule servir d'excuse à une pareille rétractation, existe-t-elle? Non, sans doute. Il suffit, pour s'en convaincre, d'examiner rapidement ce qu'est le droit de visite, en droit et en fait, c'est-à-dire de se demander : 1° En quoi il est conforme ou contraire aux principes du droit des gens; 2° par quelle série de faits et de négociations il a pris place dans notre droit public; 3° enfin, comment il a été exécuté, et s'il a donné lieu à des abus tels qu'il puisse raisonnablement inspirer toutes les craintes qui se manifestent, et doive, sans autre considération, être immédiatement aboli.

§ 1er. *Principe du droit de visite.*

Il n'est pas exact de dire que le droit de visite soit un *principe nouveau* introduit, pour la première fois, dans le Code maritime par la convention de 1831. Ce droit a, au contraire, de nombreux précédents et dérive d'analogies incontestables. Au lieu d'être absolument incompatible avec la liberté des mers et l'immunité du pavillon, il se rattache aux règles qui défendent cette liberté, cette immunité même, contre les abus qui pourraient les détruire.

La mer est libre, voilà le premier principe. Aucune nation ne peut s'arroger un droit de propriété quelconque sur les vagues mobiles de l'océan.

Le pavillon est sacré, voilà le second principe. Le vaisseau porte partout les droits de la nation à laquelle il appartient.

De là, pour chaque nation, l'obligation de veiller à ce qu'il ne soit pas fait abus de son pavillon pour protéger des attentats commis contre ses propres lois, ou contre les lois générales du droit des gens.

Or, il a été de tout temps impossible de veiller à ce qu'il ne soit pas fait abus du pavillon, sans s'accorder réciproquement, dans certains cas, le droit de visite.

En effet, quand un navire en rencontre un autre en pleine mer, il arbore le pavillon qu'il lui plaît; on n'a donc d'autre moyen de s'assurer s'il se livre ou non à une navigation illicite qu'en le visitant, quand même il s'abriterait sous un autre pavillon que celui du visiteur. C'est ce qui va être démontré par deux exemples principaux.

Premier exemple : LA PIRATERIE.

Le pirate est celui qui n'appartient à aucune nation et qui fait la course pour son propre compte. Comment la liberté des mers pourra-t-elle exister s'il n'y a pas quelque moyen de faire la chasse aux pirates ? Et comment leur faire la chasse s'il est impossible de savoir si un navire est ou n'est pas pirate, c'est-à-dire s'il a le droit d'arborer le pavillon qu'il arbore ?

Il est de principe, en droit des gens, que tout vaisseau, de quelque nation qu'il soit, a le droit de visiter en mer tout navire soupçonné de piraterie, quel que soit son pavillon ; et, à défaut de papiers authentiques qui établissent sa nationalité, le droit de saisir le bâtiment et l'équipage, et de les conduire dans un port de la nation du capteur, où ils doivent être jugés, sauf indemnité et réparation pour le cas où l'accusation serait reconnue mal fondée.

Ce droit est, à coup sûr, une dérogation au principe de la liberté des mers ; mais la liberté des mers, pas plus que toute autre, ne saurait être illimitée et sans aucun frein, et le droit universel de visite est le seul moyen de maintenir cette liberté au profit de tous contre les incursions des

pirates. La loi de 1825, sur la piraterie, l'a reconnu et consacré.

Second exemple : VISITE DES NEUTRES.

Quand la guerre éclate entre deux puissances maritimes, chacune des nations belligérantes a le droit
de poursuivre et de saisir sur mer les navires de
commerce de l'autre. Les navires appartenant à
des nations neutres doivent, au contraire, être
respectés par les deux parties.

Mais ici se présente la difficulté. Comment
constater qu'un navire est réellement neutre? Il
n'existe pas d'autre moyen que la visite.

Si le droit de visite n'était pas reconnu en pa-
reil cas, les navires de commerce de chacune des
deux parties belligérantes pourraient échapper, à
volonté, aux attaques de l'autre, en arborant le
pavillon d'une des nations neutres.

Il y a plus. Le droit des gens reconnaît même
aux parties belligérantes le droit de visiter les navires réellement neutres, pour s'assurer qu'ils ne
portent pas ce qu'on a appelé de la *contrebande
de guerre*, c'est-à-dire des armes, des munitions,
etc. Le transport de la contrebande de guerre étant
une violation de la neutralité, les navires neutres
qui se livrent à ce genre de transport perdent le
bénéfice du pavillon, et il est bien clair qu'il n'est
possible de reconnaître s'ils portent de la contrebande de guerre qu'en les visitant à la mer.

De pareilles exceptions ne sont pas les seules. On pourrait en citer plusieurs autres, comme le droit reconnu à toute puissance belligérante d'interdire aux navires neutres l'entrée dans les ports qu'elle tient réellement en état de blocus; mais on s'en tient aux deux exemples qui précèdent, comme ayant seuls un rapport direct avec le droit de visite.

Ces principes ne sont d'ailleurs contestés par personne; ils n'ont aucun rapport avec les prétentions élevées par l'Angleterre dans la guerre contre la France, et qui ont soulevé, à juste titre, l'opposition de toutes les nations maritimes.

Les anciennes prétentions anglaises étaient de deux sortes : d'une part, l'Angleterre s'arrogeait le droit de saisir, sur les navires neutres, non-seulement les objets de contrebande de guerre, mais encore les marchandises, de quelque nature qu'elles fussent, qu'elle présumait appartenir à la nation avec qui elle était en guerre; de l'autre, elle s'arrogeait le droit non moins exorbitant d'interdire aux bâtiments neutres l'entrée de tous les ports de la nation ennemie, qu'elle les eût mis ou non en état de blocus *effectif*.

On voit que ni l'une ni l'autre de ces deux grandes querelles n'a rien à démêler avec le droit de visite. Le droit de visiter les pirates, en tous temps, et celui de visiter les bâtiments neutres, en temps de guerre, n'ont jamais fait question.

Ce n'est donc pas chose si nouvelle que le droit de visite considéré en lui-même. Reste maintenant à savoir s'il était ou non conforme aux précédents de l'étendre au cas de la traite des nègres.

Le trafiquant des noirs n'est pas un pirate, dans le sens exact du mot; mais il est, comme le pirate, l'objet de l'exécration unanime des peuples civilisés; la marchandise humaine n'est pas de la contrebande de guerre, mais elle est, comme la contrebande de guerre, réprouvée par le droit des gens.

D'un autre côté, le seul moyen infaillible de mettre un terme à la traite, c'est de la poursuivre sur les mers, au moment même où s'accomplit le transport des noirs. La construction ou l'appropriation des navires destinés à ce trafic est un fait difficile à constater, et qui d'ailleurs ne constitue pas le délit en lui-même; l'achat des esclaves a lieu sur une plage sauvage, inconnue, où personne n'a le droit ni le pouvoir d'exercer la police, et leur vente se conclut dans des colonies où la traite est encore reconnue et protégée par les lois. Il n'y a donc que le voyage du lieu de vente au lieu d'achat qui puisse être efficacement intercepté. Là, le délit n'est plus douteux, ni seulement intentionnel, comme quand il ne s'agit encore que de l'armement du navire : il est flagrant, il est visible, et les obstacles qui rendent la répression impossible sur la côte barbare de l'Afrique ou dans les ports du pays complice n'existent pas sur la libre surface des mers.

Enfin, comme pour la piraterie et la contrebande, le traitant d'esclaves pourra toujours se mettre à l'abri sous un pavillon fictif contre les recherches des croiseurs, si cette ressource ne lui est pas enlevée par un droit réciproque de visite.

Tels sont les motifs qui ont fait assimiler la traite à la piraterie et à la contrebande de guerre, quant au droit de visite seulement; car, sous plusieurs autres rapports essentiels, il existe de grandes différences entre ces trois délits, et ces différences ont été soigneusement établies par les conventions de 1831 et 1833, comme on peut s'en convaincre en les parcourant.

§ II. *Histoire du droit de visite.*

Le droit de visite n'est entré dans le droit européen, et, en particulier, dans le droit français, qu'après de longues négociations et un mûr examen.

On ne donnera pas ici les détails des grandes querelles qui ont précédé, en Angleterre, l'abolition de la traite et l'émancipation des noirs. C'est à l'histoire à raconter cette magnifique lutte de quelques hommes généreux contre les préjugés de tout un peuple, cette résistance acharnée des intérêts et des passions, ce progrès constant des idées de justice et d'humanité, sur les craintes exagérées qu'un tel projet devait nécessairement soulever. Pendant longtemps, l'Angleterre entière a cru que tout l'édifice de sa puissance maritime, de sa richesse coloniale, tenait à l'esclavage des noirs, et ce n'est qu'après une défense désespérée des vieilles habitudes que les idées nouvelles ont prévalu.

Avant de se faire, dans le monde, l'apôtre principal de la répression de la traite, la nation anglaise a acheté ce droit par le plus grand sacrifice qu'aucun peuple ait jamais fait pour obéir aux lois du devoir; elle y a joué sa puissance même, quand une grande partie de ses citoyens lui criaient qu'elle allait la perdre sans retour. Quoi qu'on en dise aujourd'hui, ce n'est pas le parti ambitieux qui a poursuivi et réalisé en Angleterre ce grand progrès; c'est, au contraire, la religion qui a forcé la main à la politique.

Après que l'abolition eut été prononcée, l'Angleterre eut des croiseurs pour empêcher ses propres navires de se livrer à la traite; mais elle ne tarda pas se convaincre que tout effort de ce genre serait inutile tant que les autres nations ne prêteraient pas les mains à une répression unanime. Il fut démontré, par plusieurs procédures authentiques, que des négriers anglais avaient changé de pavil-

lon, de papiers de bord, quelquefois même d'é-
quipage, et qu'à la faveur d'une nationalité fictive
ils avaient pu continuer leur abominable trafic.

Pour prévenir cet abus, le gouvernement anglais
ouvrit des négociations avec les autres puissances
maritimes, dans le but d'en obtenir un accord gé-
néral. Le premier pas fait dans cette voie fut l'inser-
tion d'une clause spéciale dans le traité de Vienne.
Par cette clause, les puissances signataires s'enga-
geaient, d'une manière générale, à prendre des
mesures pour arriver à l'abolition finale de la traite
des noirs.

Mais, loin d'être diminué par ces déclarations
solennelles, le commerce de traite prit, à cette
époque, un nouveau développement. La paix générale ayant interrompu l'exercice du droit de
visite sur les neutres par la marine des nations
belligérantes, tout moyen de surveillance efficace
était détruit. Ce fut alors que, toujours poussé par
le parti abolitioniste, le gouvernement anglais en-
treprit de faire adopter par les nations européen-
nes le principe d'un droit de visite spécial pour
remplacer celui que la paix avait aboli.

Tant qu'a duré le gouvernement de la restauration, ces négociations n'ont abouti, quant à la
France, à aucun résultat. La traite avait été abolie
en France par un décret de l'empereur Napoléon,
rendu pendant les cent jours. Une loi fut promul-
guée, en 1818, contre les traitants, et une croisière de

vaisseaux français fut envoyée sur la côte d'Afrique pour arrêter les délinquants. Mais le gouvernement français se refusa à accorder le droit de visite réciproque.

Cette résistance fut désapprouvée par le parti libéral français, qui accusa le gouvernement de ne prendre, contre la traite, que des mesures illusoires. M. le duc de Broglie, en 1822, M. Benjamin Constant, en 1826, démontrèrent, par des faits nombreux et incontestables, que la traite se continuait ouvertement à l'abri du pavillon national. Les correspondances des comités abolitionistes révélèrent, à ce sujet, des détails odieux.

L'habitude de se dénationaliser, en changeant de pavillon à tout moment, unie aux habitudes de cruauté des équipages négriers, devait avoir et eut, en effet, pour résultat de faire, de quelques navires employés à la traite, de véritables pirates. En 1822, une lutte à main armée s'engagea entre une frégate anglaise et trois négriers français, et cet exemple ne fut pas le seul.

D'un autre côté, les croiseurs des deux nations prirent, peu à peu, la coutume de ne pas s'arrêter devant le pavillon et de visiter tout navire qu'ils avaient lieu de croire de leur nation, quoiqu'il arborât un pavillon fictif. De cette façon, un droit de visite illégal et abusif tendait à s'établir.

En même temps, le principe que la France refusait de reconnaître avait été accepté par d'autres nations. Quatre puissances, l'Espagne, le Portugal, la Suède et la Hollande, avaient accédé successivement au droit de visite; de ces quatre adhésions, deux surtont, celles de la Suède et de la Hollande, étaient d'autant plus remarquables que ces deux puissances étaient précisément celles qui avaient le plus lutté, pendant l'empire, pour conserver intacts les droits conservateurs de la liberté des mers.

On se souvient encore des luttes qui s'établirent, à la fin de la restauration, entre l'opinion abolitionniste, représentée par le parti libéral, et le gouvernement d'alors; le progrès de l'opinion fut tel, dans le sens des idées abolitionnistes, que le gouvernement, après s'y être longtemps refusé, fut contraint de proposer, en 1821, une nouvelle loi contre la traite, plus sévère que celle de 1818.

Malgré la promulgation de cette loi, la traite ne fut pas interrompue, et de nombreux exemples révélèrent qu'elle ne cessait de s'abriter sous le pavillon national.

Alors arriva la révolution de 1830, qui porta aux affaires les adversaires les plus déclarés de la traite des nègres, soutenus et poussés par les influences les plus vives et les plus respectées du parti libéral. Il fut reconnu qu'un droit de visite réciproque était nécessaire pour en finir avec un des plus grands crimes qui puissent être commis par les hommes : la convention de 1831 fut conclue.

Avant de la signer, le Gouvernement s'entoura de toutes les lumières qu'il put recueillir. Le ministère de la marine fut consulté, et donna son assentiment dans une note adressée au ministère des affaires étrangères. C'était alors le vainqueur de Navarin, M. l'amiral de Rigny, qui était ministre de la marine, et il coopéra personnellement à la rédaction de la convention.

Deux ans après, une convention supplémentaire vint confirmer la première et y ajouter les dispositions dont l'expérience avait démontré la nécessité.

Aucune réclamation de l'opinion publique ne s'éleva. Les conventions nouvelles obtinrent l'approbation expresse du parti libéral et l'adhésion tacite de la France.

On n'entrera pas ici dans l'analyse de ces deux conventions qui sont maintenant sous les yeux de tout le monde. Chacun peut s'assurer par lui-même que de grandes précautions ont été prises contre l'abus possible du droit de visite, et que leurs diverses stipulations attestent le soin le plus consciencieux de ceux qui les ont rédigées.

§ III. *Exécution du droit de visite.*

Maintenant est-il vrai que le droit de visite, depuis son établissement, ait donné lieu à tous les abus, à tous les dangers dont on se plaint? Examinons les faits.

En premier lieu, quel a été le nombre des croiseurs des deux nations qui ont été commissionnés?

D'après le traité, le nombre des croiseurs de l'une des deux nations ne peut s'élever au-dessus du double du nombre des croiseurs de l'autre. On va voir que les Anglais, pas plus que nous, n'ont jamais épuisé leur droit sous ce rapport.

Les stations où les deux nations entretiennent une croisière sont au nombre de quatre, les parages des Antilles, les côtes du Brésil, les côtes occidentales de l'Afrique et les parages de Madagascar.

Or, voici ce qui résulte de renseignements officiels pris au ministère de la marine, pour 1842, Station des Antilles, commissions données par le gouvernement anglais à des croiseurs français, 22; commissions données par le gouvernement français à des croiseurs anglais, 28. Station du Brésil, croiseurs français, 22; anglais, 23. Station de la côte occidentale d'Afrique, français, 7; anglais, 29. Station de Madagascar, français, 11; anglais, 1. En tout, 62 croiseurs français et 81 anglais.

Depuis 1833, il a été délivré 152 commissions à des Anglais, et 122 à des Français.

Il est sans doute à désirer que, pour couper court à toute susceptibilité plus ou moins fondée, le nombre des croiseurs de chaque nation soit à peu près égal à l'avenir dans chaque station; et on assure que des correspondances ont été échangées à ce sujet entre les deux cabinets; mais, dans tous les cas, le peu d'empressement qu'a mis l'Angleterre à jouir de tout son droit, pendant les dix années où il n'a pas été contesté, montre qu'elle n'y a jamais attaché l'intérêt ardent qu'on lui suppose.

Ainsi tombe un des premiers reproches faits au traité : le défaut de réciprocité réelle.

En second lieu, quelles ont été les réclamations auxquelles a donné lieu l'exercice du droit de visite, de la part des navigateurs français?

Dans l'espace de onze ans, de 1831 à 1842, douze plaintes ont été adressées au gouvernement français. Sur ces douze, sept ont dû être abandonnées, faute de preuves régulières; cinq ont donné lieu à un débat sérieux.

La plus ancienne est celle de l'*Africaine*, qui remonte à la fin de février 1837 (cette date est à remarquer en ce qu'elle montre que l'exécution dés traités n'a donné lieu à aucune réclamation pendant les six premières années). L'affaire de l'*Africaine* fut suivie par M. le comte Molé, alors ministre des affaires étrangères. L'enseigne de vaisseau anglais, qui s'était conduit avec brutalité dans la visite du navire français, fut fortement réprimandé, le blâme de sa conduite mis à l'ordre du jour de la marine anglaise, et des instructions sévères furent adressées par le gouvernement anglais, à ses croiseurs, pour leur recommander de nouveau le plus grand respect pour le pavillon français.

La seconde plainte, celle de la *Noémi*, relative à des faits qui se seraient passés au commencement de 1840, a été suivie par M. Thiers, alors ministre des affaires étrangères; elle a donné lieu à une enquête de la part du gouvernement anglais, à la suite de laquelle le gouvernement français n'a pas cru pouvoir insister sur la demande de réparation.

La troisième plainte est celle du *Marabout*. Cette affaire, qui a fait beaucoup de bruit, a été suivie par M. Guizot. Elle n'est pas encore tout à fait terminée, mais elle a donné lieu jusqu'ici à deux incidents qui montrent, tous deux, de quelles garanties on est armé contre les abus possibles du droit de visite. Le premier est l'arrêt du tribunal de Cayenne, qui condamne les croiseurs anglais à 250,000 francs de dommages-intérêts envers le propriétaire du *Marabout;* le second est l'envoi d'excuses formelles, de la part du gouvernement anglais, pour la conduite du capitaine de son croiseur.

Les deux dernières plaintes, celle des *Deux-Sœurs* et de l'*Aigle*, sont toutes récentes; elles sont en ce moment l'objet de communications diplomatiques de la part des deux gouvernements.

Ainsi, en douze ans, une seule capture et cinq plaintes en tout, dont deux ont obtenu réparation et dont deux autres sont encore en instance, tel est le bilan du droit de visite, quant à son *passif.*

Quant à son *actif*, la diminution progressive de la traite n'est pas douteuse : depuis que les fraudes de pavillon sont devenues moins faciles, le commerce infâme des esclaves s'est à peu près annulé ; et, dans tous les cas, s'il se fait encore, ce n'est plus sous le pavillon national.

De plus, l'exemple de la France a déterminé les autres puissances maritimes à adhérer au droit de visite réciproque : aujourd'hui ce droit est accepté par toutes les nations.

Les États-Unis font seuls exception dans le monde ; mais les Etats-Unis sont dans une situation particulière au sujet du droit de visite. La reconnaissance de ce droit aurait pour eux des inconvénients, des périls infiniment plus graves que pour les autres États. On sait que l'Angleterre prétend avoir le droit de s'emparer des matelots anglais qui navigueraient à bord d'un navire américain, et comme une conformité de race et de langage confond les matelots anglais et les matelots américains, les États-Unis ont de très-fortes raisons pour interdire l'abord de leurs bâtiments à des officiers anglais.

Quoiqu'il en soit, l'exemple récemment donné par les États-Unis est-il suffisant pour autoriser la

France à retirer sa parole et à manquer à ses engagements?

La réponse ne saurait être douteuse pour quiconque est jaloux de l'honneur national.

On croit avoir démontré :

1° Que le droit de visite n'est pas un droit nouveau, et qu'il a des antécédents dans le droit des gens;

2° Que ce droit n'a été adopté qu'après un long examen et quand on s'était assuré qu'il serait seul efficace contre la traite;

3° Que, dans douze ans d'exercice, il n'a donné lieu qu'à des griefs peu nombreux, et dont la plupart ont été réparés.

Toutes les exagérations doivent disparaître devant ces simples faits. La question réelle, ici, c'est celle de la répression de la traite et du respect des engagements. Le droit de visite est essentiellement temporaire : créé en vue de la traite, il doit finir avec elle. Le moment viendra, et ce moment ne paraît pas éloigné, où le trafiquant de noirs ne saura plus où vendre sa cargaison, où l'abolition de l'esclavage amènera forcément l'abolition de la traite. Mais aujourd'hui, si le droit de visite réciproque était aboli, le trafic des esclaves recommencerait à l'abri des fraudes de pavillon.

Si la France revenait aujourd'hui sur les mesures qu'elle a adoptées contre la traite, après 1830, elle relèverait dans le monde la cause désespérée de l'esclavage, et donnerait l'idée qu'elle renonce à poursuivre la grande tâche de l'abolition.

Le peuple libéral par excellence, celui qui, dans d'autres circonstances, a fait de bien autres sacrifices pour proclamer et défendre les droits de la justice et de l'humanité, n'abandonnera pas ainsi la cause qu'il a embrassée; il ne voudra pas défaire par un caprice ce qu'il a fait dans une intention généreuse; après avoir amené le monde presque tout entier à adopter l'exercice temporaire du droit de visite réciproque pour parvenir à la répression efficace d'un crime odieux, il ne désertera pas le principe qu'il a lui-même posé, et ne se laissera pas ranger au-dessous des États absolutistes qui n'ont fait que le suivre, et qui désormais le précéderaient dans l'accomplissement du devoir commun.

Typographie de Firmin Didot frères, rue Jacob, 56.